ALFRED NEYMARCK

LA
BANQUE DE FRANCE
DE 1880 A 1905

Extrait du *Rentier* du 7 Février 1906.

PARIS

FÉLIX ALCAN, ÉDITEUR

(Librairies FÉLIX ALCAN et GUILLAUMIN réunies)

108, Boulevard Saint-Germain

Et dans les Bureaux du RENTIER, 33, *Rue Saint-Augustin.*

1906

ALFRED NEYMARCK

LA

BANQUE DE FRANCE

DE 1880 A 1905

Extrait du *Rentier* du 7 Février 1906.

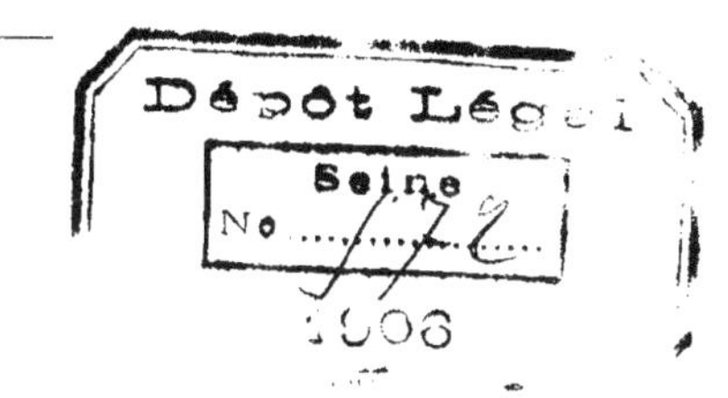

PARIS

FÉLIX ALCAN, ÉDITEUR

(Librairies Félix Alcan et Guillaumin réunies)

108, Boulevard Saint-Germain

Et dans les Bureaux du Rentier, *33, Rue Saint-Augustin.*

1906

LA BANQUE DE FRANCE

DE 1880 A 1905

I

Au moment où la Chambre vient de voter le projet de loi portant de 5 milliards à 5 milliards 800 millions la limite d'émission des billets de la Banque de France, nous avons pensé qu'il n'était pas inutile de montrer, par quelques chiffres précis, le développement considérable des opérations de notre grand établissement national, opérations qui se traduisent bien plus par des accroissements de services rendus au public et à l'Etat que par des augmentations de profits pour les actionnaires.

Nous avons fait porter nos comparaisons sur une période de 25 années, de 1880 à 1905. Nous donnerons les chiffres par période quinquennale, y compris l'année 1897, date à partir de laquelle est intervenu le renouvellement du privilège de la Banque.

Nos relevés comparatifs porteront donc sur les années 1880, 1881 (année qui a précédé le *krach*), 1885, 1890, 1895, 1897 (année du renouvellement du privilège), 1900, 1905.

Les principaux chapitres que nous examinerons sont les suivants :

1º Encaisse or, argent; encaisse totale ;
2º Taux moyen de l'escompte et des avances ;
3º Effets escomptés et effets rejetés;
4º Mouvement des avances sur effets publics et comptes courants d'avances ;
5" Circulation des billets;

6° Mouvements généraux des espèces, billets et virements;

7° Comptes courants; solde maximum; solde minimum; nombre de comptes ouverts;

8° Effets en souffrance;

9° Dépôts de titres à Paris, avec l'indication du nombre de déposants, du nombre de titres, des capitaux que ces dépôts représentent;

10° Même statistique pour les dépôts dans les succursales de province;

11° Montant des dividendes et répartitions.

II

Encaisse au 31 décembre des années 1880, 1881, 1885, 1890, 1895, 1897, 1900, 1905.

Années.	Or.	Argent.	Ensemble.
—	Millions.	Millions.	Millions.
1880	552	1.222	1.774
1881	645	1.155	1.810
1885	1.155	1.083	2.238
1890	1.120	1.240	2.361
1895	1.950	1.234	3.184
1897	1.945	1.205	3.150
1900	2.334	1.099	3.433
1905	2.864	1.071	3.935

L'augmentation de l'encaisse de la Banque de France est considérable : 1,774 millions en 1880 contre 3,935 en 1905, soit une augmentation de 2,161 millions et, fait remarquable, cette augmentation est due, d'une part, aux réserves d'or qui, de 552 millions ont passé à 2,864 millions, soit une augmentation de 2,312 millions et, d'autre part, à une diminution de l'encaisse argent qui, de 1,222 millions a fléchi à 1,071 millions, soit une diminution de 151 millions.

Cette situation donne à la Banque de France une force incomparable : nous avons fait remarquer souvent combien elle était plus forte que celle des autres banques euro-

péennes : elle est la conséquence de notre situation éco-
nomique. La France est créditrice partout et n'est débitrice
nulle part ; l'or afflue chez elle par les payements qu'elle
a à recevoir des pays étrangers dont elle est créancière.
Les changes lui sont favorables.

En même temps que l'encaisse totale et que l'encaisse-or
de la Banque ont suivi une marche ascendante, le taux de
l'escompte et des avances au commerce et aux détenteurs
de titres sur lesquels la Banque consent des prêts, a suivi
une marche décroissante. Le taux d'escompte a conservé
une grande fixité alors que partout ailleurs il a subi de
nombreuses fluctuations. On peut en juger par le tableau
suivant.

III

Taux moyen de l'escompte et des avances.

Années.	Escompte.	Avances.
1880....................	2 81	3 73
1881....................	3 84	4 37
1885....................	3 »	4 »
1890....................	3 »	3 62
1895....................	2 10	3 10
1897....................	2 »	3 »
1900....................	3 25	3 75
1905....................	3 »	3 50

Dans aucun pays on ne trouve une semblable stabilité
dans le taux de l'escompte. Ce bon marché des capitaux
et cette fixité dans le taux auquel la Banque de France a
consenti des avances ont été de sérieux avantages pour le
commerce et l'industrie de notre pays. On ne peut sou-
tenir qu'il soit indifférent à un négociant de pouvoir trouver
les capitaux dont il a besoin à des taux d'intérêt plus ou
moins élevés. Suivant qu'il emprunte meilleur marché ou
plus cher, il se trouve en état de supporter avec plus ou
moins de facilités la concurrence étrangère.

On ne s'étonnera pas dès lors que le montant des escomptes effectués par la Banque de France ait sensible-
ment augmenté en même temps que ceux effectués par les

grands établissements financiers et banques privées s'accroissaient dans des proportions encore plus considérables.

IV

Mouvement des escomptes.

Voici le tableau des escomptes effectués par la Banque aux mêmes années considérées :

Années.	Effets escomptés.	Escomptes.	Effets rejetés.	
—	Nombre.	Sommes.	Nombre.	Sommes.
	Milliers.	Millions.	Milliers.	Millions.
1880....	9.185	8.696	107	68
1881....	10.494	11.373	81	160
1885....	11.660	9.250	103	89
1890....	12.583	9.609	86	61
1895....	13.382	8.621	66	51
1897....	14.682	10.364	72	54
1900....	16.784	12.247	62	47
1905....	19.149	10.967	43	23

Il faut remarquer que le portefeuille de la Banque de France a toujours très peu de durée; la moyenne de l'échéance des effets escomptés à Paris était de 20 jours 92/100 en 1905 et la moyenne des effets était de 573 fr. Ces deux moyennes sont en abaissement constant depuis plusieurs années et ce sont surtout les petits effets de commerce que l'on apporte à la Banque. Sur 7,317,969 effets escomptés à Paris, 3,280,945 étaient de 5 à 100 fr. Le rapport du nombre des petits effets au nombre total des effets escomptés à Paris est de 47 0/0! C'est la preuve la plus éclatante des services que la Banque rend au petit commerce et à la petite industrie.

V

Mouvement des avances sur effets publics et comptes courants d'avances.

Ce compte a pris chaque année une importance de plus en plus considérable. On en jugera par le relevé suivant :

Années.	Avances sur titres.	Comptes courants d'avances.
—	Millions.	Millions.
1880............	325	»
1881............	1.055	395
1885............	584	306
1890............	811	612
1895............	1.423	1.060
1897............	1.211	1.088
1900............	1.657	1.540
1905....	2.282	2.242

Ces services très appréciés, qui permettent aux banquiers, aux capitalistes, aux porteurs de titres d'emprunter et de rembourser à la Banque au fur et à mesure de leurs besoins, ont été inaugurés en 1880.

VI

Circulation des billets.

C'est au commencement de 1906 que la circulation des billets a atteint le chiffre le plus élevé. Le pouvoir d'émission de la Banque fixé à 3 milliards et demi en 1884 avait été porté à 4 milliards en 1893 et à 5 milliards en 1897. Il vient d'être porté à 5 milliards 800 millions.

Années.	Maximum.	Minimum.
—	Millions.	Millions.
1880............	2.481	2.206
1881............	2.825	2.398
1885............	3.063	2.719
1890............	3.259	2.893
1895............	3.749	3.325
1897............	3.872	3.542
1900............	4.210	3.891
1905............	4.065	4.239
1906............	4.905	»

VII

Mouvements généraux des espèces, billets et virements de la Banque centrale et succursales réunies.

Les mouvements généraux des espèces, billets et virements de la Banque, sont les plus élevés qui aient jamais été atteints. Ils s'élevaient fin 1905 à 224 milliards. Sur ces 224 milliards, 171 milliards sont représentés par des virements, soit 77.63 0/0 ; les billets représentent 48 milliards, soit 21.43 0 0 ; les espèces 4 milliards 1/2, soit légèrement plus que 2 0/0. On voit combien les moyens de crédit et d'échange, comme les virements, suppléent de plus en plus à la monnaie métallique.

Voici ce relevé en ce qui concerne les chiffres de Paris seulement) :

Années.	Virements.	Billets.	Espèces.	Total.
—	Millions.	Millions.	Millions.	Millions.
1880.......	31.372	16.636	2.086	50.094
1881.......	45.451	19.514	1.769	66.735
1885.......	29.059	16.371	1.186	46.617
1890.......	42.450	16.935	1.207	60.594
1895.......	51.611	15.283	1.088	67.983
1897.......	42.154	14.924	984	58.063
1900.......	100.126	16.708	1.289	118.123
1905.......	168.130	17.960	1.534	187.626

Les mouvements de caisse (*Paris et succursales réunies*) se sont élevés aux chiffres suivants, aux dates extrêmes de la période considérée, 1880 et 1905 :

Années.	Virements.	Billets.	Espèces.	Total.
—	Millions.	Millions.	Millions.	Millions.
1880.......	32.713	32.095	5.323	70.131
1905.......	171.228	48.393	4.452	224.073

Les espèces n'interviennent que pour 2 0/0 environ dans ce mouvement colossal de caisse de 224 milliards de la Banque de France. Les virements des comptes de compensation interviennent pour près de 78 0/0! Nous avons dit souvent que la Banque de France était notre véritable Chambre de compensation.

VIII

Comptes courants.

Depuis 1881, le nombre des comptes courants à la Banque a décuplé ; depuis 1897, il a presque triplé. Ce fait est d'autant plus remarquable que la Banque n'alloue aucun intérêt à ses comptes courants. Le public trouve sécurité absolue à se faire ouvrir un compte à la Banque et à y laisser ses fonds. Pour obtenir ce compte, il suffit d'adresser une demande au Gouverneur, appuyée par trois titulaires de comptes qui certifient la signature du demandeur et certifient qu'il fait honneur à ses engagements.

Années.	Solde maximum.	Solde minimum.	Nombre de comptes ouverts.
—	Milliers.	Milliers.	
1880.	482.800	321.700	»
1881..... .	765.600	366.600	7.254
1885........	507.600	288.900	8.592
1890........	492.300	311.500	12.943
1895........	1.688.100	395.400	20.349
1897........	611.400	432.900	27.304
1900........	617.500	417.300	41.928
1905........	809.000	456.300	71.179

IX

Dépôts de titres à Paris.

Le mouvement des dépôts de titres à la Banque est encore un service des plus appréciés qui a pris un développement sans cesse grandissant. Depuis 25 ans, le nombre des déposants a presque quadruplé ; le nombre des titres déposés a plus que quadruplé et le montant des sommes représentées par ces dépôts a également quadruplé. Au fur et à mesure que la fortune mobilière s'est accrue, le montant et le nombre de titres en dépôt à la Banque se sont élevés.

Années.	Nombre de déposants.	Nombre de titres.	Sommes (1).
—	—	Milliers.	Millions.
1880.....	21.567	2.083	1.569
1881.....	22.316	2.675	2.199
1885.....	31.217	3.761	2.647
1890.....	36.860	4.913	3.425
1895.....	45.559	6.361	4.356
1897.....	53.249	7.167	4.992
1900.....	62.443	8.726	5.842
1905.....	78.218	9.802	6.224

X

Dépôts de titres dans les succursales.
Bordeaux, Lyon, Marseille et Lille.

Même amélioration dans les services de province. Cette amélioration est surtout sensible depuis 1897, époque à partir de laquelle la Banque a ouvert de nouvelles succursales recevant des dépôts de titres.

Années.	Nombre de déposants.	Nombre de titres.	Sommes (1).
—	—	Milliers	Millions.
1880.....	5.601	517	331
1881.....	5.714	524	349
1885.....	8.682	751	465
1890.....	9.698	881	562
1895.....	10.416	904	582
1897.....	10.734	949	690
1900.....	11.177	975	723
1905.....	11.761	902	756

XI

Effets en souffrance.

Le chapitre des effets en souffrance montre avec quelle prudence les opérations d'escompte de la Banque sont dirigées. Pendant cette période de 25 ans, la Banque a eu à supporter bien des crises commerciales, financières et industrielles; ses opérations se sont constamment accrues;

---

(1) D'après les cours de la Bourse.

or, le montant des effets en souffrance est inférieur aux chiffres de 1881 et ne dépasse pas une moyenne normale.

Années.	Solde et entrées.	Recouvrements et amortissements.	Solde.
—	Milliers.	Milliers.	Milliers
1880......	17.205	5.821	11.384
1881......	11.631	5.159	6.472
1885......	7.650	3.874	3.776
1890.....	3.551	1.817	1.734
1895......	3.042	1.762	1.280
1897......	4.816	2.987	1.829
1000......	9.443	3.489	5.954
1905......	5.234	952	4.282

XII

Dépenses, bénéfices, dividendes.

Années.	Dépenses.	Bénéfices nets.	Dividendes bruts.
—	Milliers.	Milliers.	Francs.
1880....	11.011	27.967	154 63
1881...	13.156	51.794	257 72
1885....	15.529	36.854	190 71
1890....	15.800	28.484	161 85
1895....	17.105	20.764	107 291
1897....	20.015	23.090	113 541
1900....	25.721	37.433	151 041
1905....	25.056	27.448	135 416

Le tableau des dépenses et des bénéfices ainsi que le relevé des bénéfices bruts répartis aux actionnaires, est non moins significatif que les précédents. Ce qui frappe tout d'abord c'est, jusqu'en 1897, la fixité des dépenses, en regard d'un accroissement continu des opérations. Ces dépenses, ou plutôt ces charges, se sont accrues de 1897 à 1905 par le fait des redevances multiples que la Banque paye au Trésor et nullement parce que les frais d'administration se sont élevés. Les bénéfices les plus considérables dans cette période que nous venons d'examiner ont été réalisés en 1881 et 1882: près de 52 millions en 1881 et 59 millions en 1882. Les dividendes les plus élevés ont été de 257 fr. 72 en 1881; 298 fr. 96 en 1882.

Antérieurement, de 1870 à 1874, pendant la période des grands emprunts nationaux, ils avaient été de :

270 fr. en 1871; 320 fr. en 1872; 360 fr. 81 en 1873; 293 fr. 80 en 1874; 206 fr. 18 en 1875. On peut considérer que ces bénéfices, dus à des causes exceptionnelles, ont été tout à fait exceptionnels, eux aussi. De 1885 à 1905, les dividendes extrêmes ont été de 190 fr. 71 en 1885, chiffre le plus élevé, à 107 fr. 29, chiffre le plus bas en 1895.

De 1885 à 1905, la Banque de France a distribué brut 2.915 fr. de dividende, ce qui représente une moyenne annuelle de 139 fr. environ. Les dividendes distribués depuis 1903 se rapprochent, on le voit, de cette moyenne.

XIII

Plus hauts et plus bas cours des actions.

Nous terminerons cette étude en indiquant les plus hauts et les plus bas cours des actions depuis 1880.

Depuis 1880, le plus haut cours a été de 6,807 fr. en 1881; le plus bas cours a été de 3,200 fr. en 1880.

Aux époques considérées dans cette étude, voici quels ont été les plus hauts et les plus bas cours :

Années.	Plus haut.	Plus bas.
1880............	3.810 »	3.200 »
1881............	6.807 »	3.675 »
1885............	5.200 »	4.570 »
1890............	4.460 »	4.000 »
1895............	3.940 »	3.500 »
1897............	3.830 »	3.600 »
1900............	4.300 »	3.770 »
1905............	3.925 »	3.710 »

Cours actuel : 3.925 fr.

XIV

Résumé.

La Banque de France, ces chiffres le prouvent, n'a pas cessé de donner à toutes ses opérations le développement le plus important en rendant le maximum de services au public avec le minimum de frais pour lui et le minimum de bénéfices pour elle. Elle rend des services considérables et gratuits au Trésor : en 1905, l'ensemble des opérations gratuites qu'elle a faites pour lui s'est élevé à 9 milliards 155 millions, en même temps que ses impôts, ses charges patronales et les redevances qu'elle paye à l'Etat s'accroissent chaque année. Le total des sommes annuellement consacrées par la Banque à toutes les institutions patronales ou mutuelles qu'elle a créées en faveur de son personnel s'élève à 2,270,000 fr., soit 20 0 0 environ de l'ensemble des traitements et salaires et près de 8 0/0 de l'ensemble de ses bénéfices nets.

La Banque de France est restée constamment fidèle à ses traditions de prudence, de sagesse. Elle possède et garde une encaisse formidable, près de 4 milliards; elle a en dépôt plus de 6 milliards de titres; c'est par 225 milliards que se chiffrent ses mouvements de caisse; elle rend des services au commerce, à l'industrie, au monde des affaires; elle est venue au secours de l'Etat, du pays tout entier, aux époques les plus douloureuses de notre histoire; elle paye à l'Etat de lourds impôts et des redevances considérables; elle effectue ses opérations sans autre souci que celui de rendre service au crédit public et privé. On peut dire qu'elle justifie la confiance qu'elle a acquise en France et dans le monde entier.

Alfred NEYMARCK.

L'augmentation de la limite d'émission des billets de la Banque de France. — La Chambre, dans sa séance du 2 février courant, a adopté, après une courte discussion, le projet de loi portant élévation de 5 milliards à 5 milliards 800 millions de la limite des émissions de la Banque de France et de ses succursales.

Voici le projet de loi proposé par le gouvernement et la commission et adopté par la Chambre des députés :

« ARTICLE UNIQUE. — Le chiffre des émissions de la Banque de France et de ses succursales, fixé au maximum de 5 milliards, est élévé à 5 milliards 800 millions de francs. »

Le stock or et argent de la Banque de France. — La discussion à la Chambre du projet de loi relatif à l'élévation du chiffre maximum d'émission de la Banque de France a été courte : elle avait été, du reste, facilitée par le rapport de M. Jules Roche qui, dans la discussion, a prononcé un remarquable discours conforme aux doctrines économiques qu'a défendues et qu'aurait soutenues le maître regretté, compétent entre tous, M. Léon Say. Nous devons signaler aussi les observations critiques et sérieuses de M. Chastenet, la réponse de M. Paul Delombre, avec chiffres à l'appui — et on sait avec quelle clarté il sait les expliquer — et, tout au début de la discussion, les observations sévères de M. Bouctot qui a combattu l'augmentation de la circulation, préférant voir la Banque recourir à tout autre moyen, sans hésiter à hausser le taux de l'escompte pour protéger sa circulation de billets.

Dans le cours de cette discussion, il a été fait allusion aux écus d'argent que possède la Banque et M. Chastenet a fait remarquer que ces écus n'avaient du moins « au point de vue international qu'une valeur relative ». M. Georges Cochery, président de la Commission du budget, a fait en quelques mots la vraie réponse : « *Ils portent la signature de la France* ». Et, en effet, tant que nos lois monétaires ne seront pas abolies, la pièce de 5 fr. aura toujours une valeur de 5 fr.: que vous donniez en payement 20 pièces de 5 fr. argent ou 5 pièces d'or de 20 fr. ou un billet de banque de 100 fr., vous serez libéré des sommes que vous aurez à payer: de même que si vous recevez vingt pièces de 5 fr. au lieu de 5 pièces d'or de 20 fr., vous libérez votre débiteur de ce qu'il vous doit. Le métal argent et le métal or ont en France, à l'intérieur du pays, le même pouvoir libératoire. Au point de vue international, la situation change : l'or et l'argent ont une valeur *marchande*, c'est-à-dire qui se détermine par le prix auquel s'achète ou se vend le métal qui est une marchandise tout comme une autre : on a vu, à certaines époques, l'or subir une dépréciation ; ce fut ensuite le tour de l'argent, et, à l'heure actuelle et surtout depuis deux ans, le métal argent s'est relevé dans de fortes proportions, à Londres notamment ou de 23 pence il a dépassé 30 pence. Le métal or, de son côté, est toujours demandé et dans certains pays, notre pièce de 20 fr. est recherchée avec prime.

La valeur pleine, effective, marchande, de l'encaisse de la Banque de France, à quelque point de vue qu'on l'envisage, ne doit donc inspirer aucune crainte : au point de vue intérieur, l'encaisse-or et l'encaisse-argent ont le même pouvoir libératoire : au point de vue international, la valeur marchande de l'encaisse-or que possède la Banque donnerait une plus-value notable qui pourrait être opposée à la moins-value du métal argent, en supposant que la Banque fut obligé de réaliser toute son encaisse, ce qui est matériellement et logiquement impossible.

Dans sa séance du 8 février, le Sénat, sur le rapport de M. Boulanger, a voté sans discussion le projet de loi.

21325. — Imp. DURUY et Cⁱᵉ, 22, rue Dussoubs, Paris.